JN439208

소금꽃

소금꽃

정영례 시집

계간문예

| 시인의 말 |

손에 시집 한 권 들고 단풍이 곱게 물든 숲길을 걷고 싶은 가을입니다.

어린 시절의 꿈이 이제야 날개를 달았습니다.

책 읽기가 좋아서 밤새워 책을 읽고 있으면 아버지께서 글쟁이는 가난하다며 빨리 자라고 성화셨습니다. 내 안의 작은 외침을 시로 옮겨 놓으면서 지금 가장 생각나는 분입니다.

여기까지 오는 데 도움 주신 많은 분들이 생각납니다.

먼저 제게 새로운 배움터를 주신 정종명 이사장님과 계간문에 시 창작원 지도교수 김창완 선생님의 지도를 받으면서 첫 시집을 내게 되어 기쁘고 진심으로 감사합니다. 또 시인 낭송가로서 길을 걷도록 격려하고 밀어 준 이두의 교수님과 가족, 운현시회 회원님들께도 고마운 마음을 전합니다. 시집이 완성

되면 요양원에 계신 어머니께 달려가서 안겨 드리겠습니다.

어려서부터 시인이 되고 싶은 꿈을 안고 있었습니다.

가슴 내면에서 우러나오는 나의 생각, 나의 느낌을 시로 승화시켜 위로받는 시를 쓰고 싶습니다. 세상의 구석구석을 살피며 대자연의 풍광을 만끽하면서 좀더 서정적이고 감성이 깃든 시로 독자와 공감대를 형성하는 시인으로 거듭나도록 노력하고 정진하겠습니다.

2017년 10월에

海浪 정 영 례

■ 목차

1부
소금꽃

2부

무엇이 되고 싶다

3부
가을을 끌고 가는 은행잎

4부
둥지

5부
바람을 읽는다

6부
아픔 뒤에 오는 것

제1부

소금꽃

소금꽃

해남 학가리
짭조름한 마음을 깔아 놓고
해를 부르는 사람이 있다

수차를 밟고 서서
빠르게 풀무질하면
염밭에 바닷물이 눕는다

햇볕과 바람
땀방울이 갈무리된
갈증과 산고 끝에
서서히 껍질을 벗은
하얗고 짭조름한 보석 같은 꽃

고무래로 거둬
맞배지붕 목재 건물에 놓으면
고단함을 내려놓는 환한 웃음

손에 놓고 콩콩 인사하면

바다 냄새가 난다
먹혀야 사는 꽃

소금

피부가 새하얀 남자
먼 바다에서
파도를 타고 왔다

햇볕에 몸 말려
몸이 고슬고슬한 그 남자

앙탈부리던 푸성귀 숨이 꼴깍 넘어가고
싱거운 말장난에 간을 맞출 줄 아는 그 남자

염밭을 성큼성큼 걸어나온 성긴 발
단지 안에 들어 앉아 갯내음 솔솔 풍긴다

피부가 새하얀 그 남자

이상한 자명종

눈을 뜰까 말까
뒤척이는 아침

매미 한 마리가
십삼 층 아파트 철망에 붙어
날개를 가지런히 모으고

이렇게 게을러서야
먹고 살 수 있겠냐며
나를 깨운다

뜨거운 햇볕에 나가
땀 흘려라
땀 흘려라
곧 서리 온다
잔소리 해댄다

종이컵

둥근 입술
하늘도 바다도 출렁이는
그대 마음 도사리고 있어요

영역 범접한 그대
뜨겁다 차갑다 킁킁대다니
포옹보다 화끈한 키스가 좋아요

보송보송했던 저를
후우 후우 속물만 꺼내 먹고
여린 마음 휘젔다 내려놓다니요

시궁창에 버려져도
호젓한 입술 자국
받는 키스 놓지 않을 거예요

음표와 음계

가느다란 전깃줄에 앉아
떠받쳐 올려주고 내려오는 겸손함
더 높이 오르려고 바둥바둥
사리사욕 챙기는 사람 많고 많은데

따가운 눈총 없이
위아래 알아보고
외나무다리 만나면
서로 먼저 가라 양보하는 미덕

조화로운 화음의 질서로
잠든 의식 깨우고
다문 입 빌려
지친 영혼 일으켜 세운다

샘물

얼마나 먼 길을 지나왔는지 알 수가 없다
밑바닥으로부터 밀어올린 지구의 심장

대보름 전날 마을 청년들이
샘 바닥까지 물을 퍼내 청소했다
대보름날 밤 어르신들이 음식을 차려 놓고
샘솟는 물줄기를 주실 것과 건강을 빌었다

남들보다 작은 눈을 가진 나는 눈이 자주 아팠다
엄니는 이른 아침 팥이나 맵쌀을 한 주먹 쥐고
나를 샘가로 데리고 갔다
샘물에 쌀알을 빠뜨리며 샘각시한테 빌곤

왔던 길과 반대편 길로 돌아왔다
하룻밤 지나면 눈이 가라앉았다
샘물에도 신이 사는 걸까

샘물은 아직도 그대로인데
눈이 건조하고 아프면 인공 눈물을 넣는다

쓰레기

비닐에 구겨지고
산 채로 끌려와 뒹구는
저 오물들

구겨진 몸뚱이
눈 잘리고 코 잘리고
성한 게 없다

다독여 줄 듯
득이 보이면 꾸벅 엎어지고
껍데기만 남겨 놓는 사람들

간도 쓸개도
양심마저 내놓으면
어찌 산단 말인가

술병

마음이 흔들리는 것은
바람 탓이 아니다
속에 심지가 없기 때문이다

골목마다
늘어져 새우잠을 자는
줏대 없는 술병들

두 귀 쫑긋 세워
문 쪽 바라보는 가족
다 잊고 곤히 잔다

입고 자는 옷 위에
이슬이 별처럼 반짝인다

섬과 파도

종일 술을 마신 섬
허우적거린다

훌짝거리는 소리
뭍에까지 들린다

허옇게 부서지는 몸부림
모래밭에 취기 오른 발자국을 남긴다

예측할 수 없는 바람 일면
기다린다
안아 줄 손길

섬은 파도를
파도는 섬을 버리지 못한다

빗진 사람들

빨리 내놓으시오
없는 걸 어쩌란 말이오
끼니 이을 수 없는 빈 쌀독에
가난의 울음이 누워 있다

개미가 끌고 가는 흰 쌀알
눈언저리 맴돌다 불꽃이 튄다

소독약 냄새에 쫓겨
아파트 유리창에 매달린 매미
어서 내 집 내놓으란 말이오
하늘로 치솟는 삿대질

빨리 내놓으시오
왁자지껄 귀를 밟고 지나는
이 빠진 숫매미 울음소리
제풀에 꺾여 사라진다

비둘기

가까이 다가가도 날지 않고
구우 구 길 비키라고
길바닥 콕콕 쪼는 비둘기 떼

구두코를 쪼며 맞서는 새끼 비둘기
반복과 시행착오를 거친
과거의 내가 보인다

어머니 치맛자락 붙잡고
울면서 쪼면
눈깔사탕도 나오고 개떡도 나왔다

바라보는
사람들의 눈총 따가워
얼굴 가리며 숨던
고향 담장 밑

여리지도 비겁하지도 말고
발등의 살점이라도 쪼아 날아라
아악 비명이라도 지를 수 있게

인동초

고추바람 이겨 내고
일어서고 싶은 몸부림
하늘 구름 잡고 싶다

주렁주렁 터지는 꽃눈
남들은 웃고 지나가지만
오늘 이 꽃 피우기 위해
담 쌓고 한설 헤쳐 왔다

호화스런 꽃 부지기수여도
이만큼 핀 작은 몽우리
죽도록 손발 부르터 가며
겨우 담장에 올라앉았다

보잘 것 없어도
내 망울 이 작은 꽃
시들지 않기를 기대하고
보이고 또 자랑하고 싶다

마른 가슴

모래밭에 태양이 누웠다
실오라기 하나 걸치지 않은 모래알
켜켜마다 신열을 앓는다

바람과 구름이 쓰다듬어도
말라 버린 가슴에는
이슬조차 머무르지 못한다

끝없는 모래언덕에 달빛이 쌓이면
꿈속인 듯 가물거리는 오아시스

별과 달이 멱감고 가는 은물결 위
생시인 듯 웃는 얼굴
한없이 맴돈다

마른 가슴속 가시 많은 선인장이라도
한 그루 키우고 싶다

버섯손님

매일 다른 얼굴이 마주 앉는 식탁
가끔 내가 초대하지만
남편 손님이 더 많다

팽이 느타리 표고 목이
꽃송이 양송이 버들송이 새송이
고향도 얼굴도 다 다른 손님들이다

버들송이는 불고기를 좋아하고
느타리 새송이는 잡채를 좋아하고
팽이는 찌개를 좋아하고
표고 노루궁뎅이는 전을 좋아한다
그러고 보니 모두 한식 애호가다

손님 중에는 더러
상황 영지 동충하초 망태버섯처럼
약술을 즐기는 이도 있지만
술주정은 하지 않는다

뭐니뭐니해도 인기 있는 손님은

쌉싸름한 말로 우리를 긴장하게 하다가
금세 향긋한 말로 기분좋게 해주는 잎새버섯이다
아직 미혼인 아들이 특별히 좋아한다

가장 서먹한 손님은 먹물버섯
국물맛도 질감도 맹하다고 좋아하지 않아도
우리는 한솥밥 먹으며 건강하게 살자고 다짐한다

하늘

누가
이토록
큰 가슴 보았나요?

집도
바다도
호수도 다 안은 하늘

그 하늘을 안고도
아직 비어 있는
내 넓은 가슴은

철썩
부서지는
파도 소리에 눈을 뜬다

따뜻한 위로

첫닭 울음소리에 겨울 새벽이 열리고
산등성이에 붉은 햇살이 솟아
외로운 이 찾아가는 길

작은 꾸러미 두 손 가득 들고
방문을 열자
먼저 온 햇살이 방을 환히 비추고
따스함으로 위로하고 있었다

어둡게 닫힌 마음
살포시 열어 주며
두 눈에 핑그르 도는 눈물
닦아 주고 있었다

한없이 웅크린 마음 곧게 펴 주고
발자국도 남기지 않고 가는
겸허한 햇살
내 가슴까지 포근해졌다

녹음산

하늘 아래 오밀조밀
초록이 모여 사는
푸른 숲속

산새들 모여 재잘재잘
지붕이 늘 푸른 집

시새워 뛰어든 우렛소리
푸른 등에 업혀 잠드네

제2부

무엇이 되고 싶다

무엇이 되고 싶다

나는 어둠에 갇힌 두더지
마구 흘러가는 세월을
한숨으로 대꾸하며
야금야금 먹어 치운다

바스락거린 소리에 놀라고
다가오는 발소리에
가슴 콩닥거려도
아직 주저앉지 않아
잠시 멈춰 있을 뿐

머리에 인 짐이 무겁고 힘들 때
수없이 뇌까려 본다
무엇이 되고 싶어
솟구치고 싶은 욕망 붙들고
천천히 너에게 가고 있다

누군가 나를 쫓아
고함 소리 땅속에 울려퍼져도

묵묵히 지켜 주는 기도
늑진 몸 말릴 햇볕 멀잖다

새해 다짐

새날 아침 징검다리 건너며
가만히 생각해 보니
마음속에 미움이 싹트고 있었다

생각도 가는 길도 서로 다른데
맞지 않는다고 투덜대며
면전에서 뱉지 못한 미움의 씨앗
난전에 마구마구 뿌려 놓았다

사랑하라 용서하라
속으로 뇌이면서도
씨앗은 문드러져 기억조차 없는데
넝쿨지어 기어오른 증오

가뭇없이 지우고 살포시 안아 주자
간간이 들려오는 가시 달린 말
따스함으로 문질러 너그러움으로 받자

섭섭한 말 들려도 흔들리지 말자
바다 같은 마음으로 흘려보내자

귀는 크게 입은 작게 열고
미움 대신 사랑을 심자

나의 길

어느 날
하나뿐인 입으로 밥을 먹고
두 개의 눈으로 활자를 좇았다

책과 있으면 외롭지 않고
낯선 길도 쉬 찾을 수 있고
만나는 이마다 친구가 된다

우거진 숲에서 산새가 울고
꽃피면 향기로운 시어가
펑펑 쏟아지는 책속 마을에
나의 길이 환히 보인다

떡국 나이

가래떡 같은 긴 길 달려와
설날 아침 먹는 떡국
집마다 먹는 떡국인데
세배 오면 떡국과 술상을 차렸다

소고기 우린 물에 둥굴납작한 세상 경험 밀어넣고
떡국을 먹어야 한 살을 더한다기에
어른이 되고 싶어 먹었다

문신처럼 지워지지 않는
예쁜 기억 미운 기억
다시 아이가 되고 싶다

그 나이 먹도록 뭐 했냐며 물으면
한 살을 먹었으니 나이가 줄었다 말하고
언니 대접받고 싶으면 한 살 올려 말한다

줄었다 늘었다
혼자서 살짝 꺼내 보는
진짜 나이 떡국 나이

나무

햇살 주우러 간
산새 기다리며
서 있는
나무가 되고 싶다

친구가 찾아오면
손 내밀어 반기고
고개 끄덕이며
말귀를 알아듣는 단짝

비바람 천둥 몰아쳐도
끄떡없는 튼튼한 나무

새들이 돌아와 둥지를 틀면
포근히 감싸 주는
가슴 넓은
나무가 되고 싶다

나의 꽃밭

잠 못 드는 이들은 다 모이시오
나의 꽃밭으로
세상에서 가장 예쁜 꽃씨를 심겠습니다

널따란 마음밭에 울긋불긋
아름다운 색깔을 넣고
다듬어진 언어로
멋진 이야기꽃을 피우겠습니다

꽃마다 이름을 주고
열매를 맺기 위해
크고 작은 곤충과 비바람과
햇볕도 부르겠습니다

잠 못 드는 이들은 다 모이시오
지그시 눈을 감고 얼굴을 내밀면
묘약 같은 향기 코 속을 맴돌고
꿈같이 잠이 드는 나의 꽃밭으로

호박씨

삽으로 살점 파내고
머슴 같은 흙과 동침한
설레고 아프던 날

두엄 섞인 지열로
온몸 불덩이가 되어
이 악물고 베갯잇 젖는 동안
감싸 준 따스한 손길이 있었다

겉옷이 벗겨지고
속살이 드러날 때
용기를 주고 다독여 주던
검은 흙의 속삭임

거친 숨소리 멎고
수줍게 뿌리 내린
속량의 씨앗

허물벗기

울창한 버드나무 숲 기둥마다
껌딱지처럼 붙어 있는
매미의 아픈 기억들

매미는 여름의 끝을 알았을까
녹음이 아직 짙은데
입은 옷 가지런히 두고 갔다

몸만 빠져나간 매미의 빈 허물에
칠칠치 못한 내 흉 허물이 누워
귀 따갑게 자기 변명을 늘어놓는다

시를 심자

황량한 마음 밭에 시를 심자
인생의 여백을 메꾸는 일
얼마나 아름답고 멋진 일인가

나물 캐듯 시를 캐내
임 앞에 정갈한 시 한 접시 내밀며
쌩긋 웃어 보자

생각이 결과를 붙잡지 못할 때
힘들고 외로울 때 맛보는 시
된장보다 구수하다

시를 요리하고 시를 먹는
감칠맛 나는 멋진 세상
까칠한 마음밭에 시를 심자

시간의 봉우리

시간이 지난 앳된 얼굴
먹구름 폭우도 모르는
활짝 웃는 국화다

날선 나달
계획 없는 질곡의 흔적들
하나하나 반추해 본다

뚫린 문틈
황소바람이 범접하면
따끈한 구들장에 엎드려
소망의 실타래 감고 조여 본다

나달이 가져다 준
차곡차곡 쌓은 나이테
지금 와 생각하면 뭣하나
뜨락에 국화 한 폭 심는다

저기 좀 봐

저기 좀 봐

상강(霜降)이 노닐다 간 감나무
햇볕에 눈 깜박이며 부르고 있어
주홍빛 얼굴 가린
감잎 떨궈 달라고

저기 좀 봐

가지마다 주렁주렁
애타게 찾는 눈빛 향해
감보다 크게 벌린 눈과 입이
겁 없이 달려가고 있어

손에 든 감을 보며
건네주고 싶은 말
이제 고생 끝
넌 내 안에 있어야 해

저기 좀 봐

가을을 삼키며
겨울이 달려오고 있어

늙는다는 것은

늙는다는 것은
무지개색 잎을 떨구는 일이다

맥없이 떨어지는 낙엽
좇는 눈빛에 들어앉는 나이

나무는 계절을 먹고
나는 시간을 먹는다

곱게 물든 나뭇잎
발 아래 켜켜로 쌓인다

잎 떨궈내는 나무의 마음으로
버린 것도 떠나온 곳도
뒤돌아보지 말아야지

늙는다는 것은
기억을 비우는 일이다

은행알

진눈깨비 내리는데
어서 가라
회초리 휘두르면
구르지 못한 황금 구슬
구린내 풍기며 쌓인 잎에 깔려 있다

눈앞 이득만 좇으며
양심 밖을 맴도는 무리들
발길에 밟혀 우는 황금알

엄동설한 바람 스칠 때
생각 날 거야

흔들지 마라
밟지 마라
바닥에 떨어진 상처투성이
거죽은 물컹해도 아직 살아 있다

임부의 기도

화단에 귀한 생명 심어 놓고
목마르지 않을까
다독이고 물 주며
환하게 웃는 아빠 얼굴
좋은 열매 맺길 손 모아 빈다

밋밋함에서 형체가 주어지고
조금씩 자랄 때마다
신비로움으로 입 활짝 열리게 하는
향기로운 천사

예쁜 얼굴 내밀면
하늘도 땅도 모두
축복으로 맞아 줄 거야

긴 길 걸어올 널 위해
눈뜨면 먹고 기도하고
어떻게 맞을까 설렘 반 기대 반
기대감 무뎌지지 않게 서둘러 와야 해

사랑스런 복사꽃
코는 벌써 향기에 취해 있다

포도

앞으로 무엇이 될래
무슨 맛에 살래
오밀조밀 들려주신 부모님 훈육
날 저물도록 귀에 들려요

영글기 전엔 쓴소리로 알았는데
몸집 굵어 새겨 보니
옛 노래인 듯
새콤달콤 가슴속을 적십니다

자갈밭에 있어도
물결처럼 저어 가
송알송알 빛난 눈망울로
두루뭉술 그렇게 가오리다

어무이 지금도 유효한가요
이제는 알 만한 아무것도 아닌 것을
뾰로통 토라졌던 일
지금은 참고 참아 씨알 굵은 먹포도가 되렵니다

끈

혼자 계신 어머니께
전화기 사 드렸다

사탕을 앞에 둔 손녀마냥
전화기 앞을 지키고 계신다

틈만 나면 톡 눌러 놓고
무슨 일이냐고 물으면
청소하다 건드렸능가? 하신다

어머니 날마다
내 안부 궁금해 하듯

나도
어머니 뒤따라 가고 있다
딸 뭐하니?

나의 잠

먼 길 걸어와 잠자리에 든다

잠들기 전
등 돌린 오늘을 생각하고
깨어나 마주선 오늘을 생각한다

내가 청한 잠인데
꿈속에 나는 여럿이다

구분 없는 밤낮의 길을 걷고
과거 현재 미래를 넘나든다

땀에 젖거나
환희에 찬 나의 잠

잠들기 전엔 깨어날 수 있을까
눈뜨면 살아 있어 고마운 잠

제3부

가을을 끌고 가는 은행잎

가을을 끌고 가는 은행잎

은행잎이 우르르 몰려간다
길 끝 주점으로

암수가 함께하지 못해
노랗게 지친 얼굴들
찬비에 온몸이 젖어 내린다

알몸으로 달려온
바람의 거센 입맞춤
헐떡이며 밀쳐 낸 잔영들이
와르르 무너져 쌓이고

노랑옷을 입은 나무 그늘
노랗게 지친 차창
밤을 기다리는 가로등도 노랑꿈을 꾼다

젖은 눈으로 평상에 앉아
잔을 기울이는 사람들
어깨에 붙어 술을 권하는 은행잎

술잔을 채우고
술잔을 마시고
잔마다 노랗게 취기가 돈다

설자리를 잃고 울먹이는 시간들
취한 잎이 비틀비틀 끌고 간다

가을 이별

노랗게 익어 떨어지는 은행잎
부르는 소리 듣지 못한다

가을비에 얼룩져 눕는
흙투성이 황금 열매

한 줄기 바람처럼 지나간 쓸쓸한 이야기
마주 앉아 커피를 마시고 싶은 사람

살아갈 날을 저울질하고
살아온 날을 쓰다듬는 앙상한 손길

가을의 경계에서 맞닥뜨린 이별을
저만큼 밀어내 본다

그네에 앉아

겨울이 서성거리던 그네
누구를 기다리는 걸까
나란히 앉은 나와 노랑나비
그네를 밀어 주는 바람이 당신이었으면

하늘 높이 오르고픈 마음
그네에 달고
어디로 갈까
어디까지 오를까

솔바람 타고
허공을 가르던 날개
펼 듯 말 듯
봄볕에 취해 꿈꾸는 나비

한 점 부끄럼 없이
맑은 그 속을
다 보여 주고 싶나 보다
너도 나처럼

강2

야트막한 강
허리 굽혀 들여다보면
강물이 방긋 웃는다

여럿이 어울려 사는
마음씨 좋은 강
비늘 넓은 잉어와
곱 낀 돌멩이도 가족이다

모난 곳 둥그런 곳
타고난 모양대로
공평하게 채워 주는
나눔 좋은 강

패악한 들짐승 지나간 자리
홀로 아물고
졸졸 흐른 젖줄 모아
생명을 키우는
영혼이 아름다운 강

강물 바라보고 있으면
마음은 어느새 강이 되고
고운 눈빛 보내면
강도 빙긋이 따라 웃는다

골목길

골목은 발소리를 먹는다
밤하늘 가득 박혀 있는 별을 등불 삼아
아직 고픈 배를 출렁이며 식탐을 한다

늘 그랬던 것처럼
이쪽저쪽 뒤돌아보고
낯익은 얼굴들을 기다린다

기다리다 귀 세워
쿵쿵거리며 오는
발소리를 반겨 먹는다

네온사인 반짝이는 큰길을 꿈꾸며
먼동 트면 다시
하나둘 뱉어 낼 것이다

깨달음

황혼에서야 알았다
외로움을 타는 바람이
문풍지를 두드리고
뜰 앞 서성이던 나뭇잎
문 가까이 와 숨는 이유를

칼바람 불면
후다닥 비가 따라오고
맨바닥을 슬슬 기는 젖은 잎
가슴 들썩이는 한숨소리가
천둥을 닮은 이유도

내가 누군지 왜 사는지
연륜을 셈하다 눈물 그렁그렁
축 늘어진 얼굴로 아프다 아프다
얼싸안고 우는 이유가
남의 고난 보지 않고
감아 버린 눈 탓임을

차를 마시며

높고 높은 곳에
홀로 있어도
외롭지 않다던 둥근 달

툇마루에 앉아 마시는
맑은 찻잔 속에
몰래 들어와 울먹인다

불어오는 바람과 함께
서서히 눈물 풀어져 날아가는
따스한 눈길

어느새 제 길 찾아가
웃고 있는 달
한 송이 함박꽃이다

아기별

이름도 짓기 전
아이는 별이 되었다

낯선 바람 드나드는 초가집
마당가 꽃밭에 아이들은 와서 논다

금잔화 나팔꽃 채송화 백일홍
꽃잔디 위에서
하늘을 덮고 잠든 아기별
엄마는 아기 꿈을 꾼다

오늘도 터질 듯 부푼
엄마의 젖가슴은
자꾸 아프다

침대에서 내려온 나비

자리를 박차고 내려왔다
갈 곳이 없다는 것
할 일이 없다는 것
잠을 설치게 한다

개울 속을 들여다본다
따라와 물에 비친 전라의 여인
농익어 윤기 있는 피부
발길 서성인 고운 향기
아! 수줍게 웃는……

외로움에 허기진 내가
손을 내민다
허우적이다 건져올린 빈 손

그늘 드리워진 긴긴 밤
진액이 빠져나간 사타구니
입술 마주 댈 기력조차 없는
깡마른 삭정이

새벽은 어디쯤 묶여 있는가
흑암의 침대 위에 드리워진
날개 퍼득일 수 없는 그림자
내 이름은 나비였다

겨울 가로수

머리에 뿔난 플라타나스
전깃줄에 걸릴세라 잘린 어깨
삭풍에 내어 준 귀 언저리
우 우 고단한 울음소리

새들이 도망간 자동차 소음 속
텁텁한 매연 꿀꺽 삼키며
알록달록 해병대 제복 차림으로
잠시 푸른 꿈을 꾼다

나는 있고 너는 없는 세상
향기 있는 꽃은 아니라도
큰길가에 곧게 서서
너를 위해 나를 희생하는
가로수 붉은 눈시울

어깨 으쓱 댈 그날 위해
수혈 짜 올리는
죽은 듯 안쓰러운 눈빛
반란의 기세 누르고 기둥처럼 서 있다

멈추지 않는 여행

하늘에서
비단옷 걸치고
길을 나선다

능선을 가뿐히 넘어
지친 발 은하수에 담그고
쉬다가 가고 또 간다

어느 계절인들 마다할까
세상 탄식 재우려
하염없이 가고 또 간다

어머니 기도 소리
귀 기울여 듣던
정화수 그릇에 멈춘다

멈추지 않는 여행

겨울 까치

꽁지 긴 새여
네 노랫소리 울려퍼지면
마음 설렌 할머니 햇빛 깔고 앉아
인기척 기다리던 모습 선한데

순백의 가슴으로 소식 전하다
돌팔매로 단절된 아픔
비상의 날을 꿈꾸던 나래

너 떠난 섣달 그믐
마을 사람들의 눈빛이
빗질하지 않은 빈집에 모이고
흰 눈이 수북이 쌓인다

겨울사랑

고샅길 걸어가 다다른 집
문틈을 새어 나온 불빛
바라보는 기린 목

낮에 본 얼굴인데
불 같은 연정 타올라 내친걸음
눈발같이 흩날리는 내 맘 아는지 모르는지

기척 없이 굳게 닫힌 문
두드릴까 말까 망설인 콩알 가슴
내 대신 한숨 뱉는 어스름 달빛

불빛 꺼지도록
전하지 못한 말 곱씹으며
입술 깨물고 돌아서는 길

혹여 그대 따라올까 돌아보니
종탑 아래 불빛만
붉은 소나무 얼싸안고 있었네

가로수

나무들이 줄지어서
바람 속을 걷는다
총총걸음 걸어도
바람을 앞서지 못한다

가로수에 등 기대어 자는
배불뚝이 검은 비닐
침 뱉고 발길질하는 사람

시야를 가린다고
처진 가지 꺾고 자르고
아프다 말하고 싶은데
얼굴만 찡그린다

새들도 도망 간 시끄러운 거리
주먹 불끈 쥐고 서 있는 나무

제4부

둥지

둥지

까치는
높은 곳에 보금자리를 튼다
성글지만 밖에서 들여다볼 수 없는 속내
영리한 머리로 짜낸 편리한 아지트
뭉게구름 뜯어다
빗방울 걸러 내고 흙먼지 털어 내어
알알이 부화된 맑은 눈동자들
사랑스런 이름 고스란히 내놓으면
별들 노랫소리 스쳐 지나고
산고의 고통 대신 찬바람 숭숭
나뭇가지 빈 집엔
깃털만 자욱하다

흰줄나비

아버지가 사는 집
묵은 벌초 다 하도록
주변을 맴돌던 흡족한 눈웃음

돌아와 마루 끝에 앉아
꽃밭에 눈 돌리니
모란꽃에 취해 앉아 있다

두 어깨 활짝 펴 옛 생각 모으고
다정한 말 건네는지
두 날개 접었다 폈다
꽃잎 위에 쓰는 편지

해 설핏토록
삭아들지 않는 애석한 마음
눈은 나비를 좇고 있다

유성流星

하늘 한쪽에서
기울 듯 떨어지는 울음
바람의 도움 없이
내리꽂혔다

내 아버지 가시던 날도
눈에서 번쩍
불덩이가 지나갔다

왕이었던
하인이었던
기다란 황금빛 꿈
땅으로 추락했다

그 불덩이 가슴에 앉아
잎새 무성한
그리움으로 피고 있다

전화

꽃향기 살아나는 날
바람결에 꽃잎 흔들리 듯
휴대폰 진동 소리

눈개승마나물은 육개장 끓이고
옻순은 된장에 무쳐라
봄 산을 온통 뒤지다 내려온 듯
헐헐한 목소리

썰물이 밀려나면 동그랗게 눈을 세운
칠게가 볼볼 기는 개펄에 나가
왼발 뽑으면 오른발이 묻혀
동죽 고막 한 대야 잡아 이고
철벅이며 돌아오는 어머니 발소리

수고로운 봄날
식탁 위에 향기로 차려진 구수한 밥상
휴대폰에 감겨드는 다정한 모습
귓가에 함박웃음 맴돈다

계란밥

쇠젓가락으로 구멍 낸
계란 껍데기 안에
씻은 쌀을 채워 화롯불 위에 올려놓으면
버섯 송이처럼 부풀어 오른 쌀밥

고소한 향기 좇아
코가 킁킁거리고
흩날리는 눈보라
겨울바람도 방 안을 기웃거렸다

어떻게 살지
돌아가시면 못살 것 같은 시간들이
수십 년 흘러갔는데
꿈속에서 아버지를 만나면 아직도
무릎 위에 앉은 어린아이다

왼손은 턱을 잡고
오른손은 참빗을 쥐고
긴 머리 빗겨 주면
잡힌 턱이 아파 눈물 맺혀도

고소한 계란밥 생각에 꾹 참았다

지금은 그 손길
그 아픔이 몹시 그립다

호미

떨어진 땀방울 금세 마른
거북 등 같은 밭고랑 쇠비름 긁다가
흙 묻은 무명수건 벗어
콧물 닦아 주시던 어머니

탯줄 감고 헤엄치던
양수도 끊긴 거친 땅
달려가 안기고픈
땀내 스민 젖가슴

꽃비 꽃바람은 쉬지 말고 오렴
가지마다 잎새 야위고
사슴도 목말라 울 것 같은 마른 냇가
맑은 물 고이면 푸른 둑에 앉아
헤엄치는 어미 구름 바라볼 수 있게

짜그락짜그락 귓가에 벗어 놓은
자갈밭 호미 부딪는 소리
잡힐 듯 잡히지 않는 옷자락 좇아
술래놀이 해가 기운다

은가락지

어머니 머리에 앉은 짐 보따리
자박자박 걷던 흰 고무신
삐죽 튀어 나온 엄지발가락

논두렁에 누운 앉은뱅이꽃
우두둑우두둑 귓속을 긁는
뼈마디 닳는 소리 오늘 밤은
어머니 방에서 마른 침을 삼킨다

바람막이도
위로할 줄도 몰랐던 시절
숨죽이며 빌던 손바닥의 온기
감은 눈을 타고 내린 한 줄기 눈물

어머니의 가느다란
약지 손가락에서
실금처럼 닳은
은가락지가 밤을 대신 울었다

울새

가슴속에 울새가 산다
가슴에서 울새가 운다

젖은 속옷 차림으로 누워
밥상 쳐다보며
먹여 주지 않으면
입맛만 다시는

눈을 떠도
눈을 감아도 훤히 보인다
둥지에 누워 날지 못하는 어미

창밖이 그리워 우는
언덕 너머 푸른 숲으로
날려 보내고 싶다

노목

가을은 또 가고
농익은 몸
향기는 힘을 놓는다

철새는 떠나고
열매의 눈빛
소원해진다

광합성 잃은 노모
화성인의 눈빛
나를 힘이 없다

소리 없는 적막의 비명
열매를 비운 나무의 고향
늙음은 가을인가
관계를 그리워한다

어머니 3

행상의 무게 따라
불거진 엄지발가락

예쁜 신 사드리려고 찾아간 백화점
발에 맞는 구두가 없어
남자 신을 신어야겠다던 어머니

지난 여름 찾아뵀을 때
뼈와 가죽만 남은 발등
문수 작은 내 신이 맞을 것 같아
찌르르 가슴이 아렸다

깨끗한 옷 곱게 차려입고 교회 가시던 모습
언제 다시 볼 수 있을지
어머니 정신줄 놓지 마세요
따뜻한 봄날 함께 가서 예쁜 옷도
발에 맞는 신도 사드릴게요

눈발이 허옇게 날린 오늘은
쌀밥에 잡채와 조기 반찬

아니 말랑하게 삶은 껍질 벗긴 고구마라도
입에 넣어 드리고 싶다

어머니 5

찬바람 일으키며
동분서주하던 모습 사라지고
여든 고개 넘어 아흔을 기다리며
휘청휘청 세 발로 걷는 당신

산 너머 새벽 눈길 마다않고
옹기항아리 이고 장사하던 어머니
구부러진 왼팔꿈치는 한숨산 만들고
기력이 쇠해
머리칼 스치는 바람에도 비틀거린다

비닐처럼 얇아진 살가죽
주사바늘에 시달린 손등은
검붉은 지렁이가 꿈틀꿈틀
안쪽 가슴 타들어도
손만 꼬옥 잡을 수밖에

벌써 가려고?
네, 넓은 집 장만하면 모셔 갈게요

쇳덩이보다 무겁게 돌아선 발걸음
사립문 나오다 다시 돌아보면
눈에 박혀 자라는 앙상한 나뭇가지
우울한 마음에 입술 지그시 깨문다

기다림

한몸 한뜻이 되고자
백년가약 맺은 우리
서로 다른 생각을 지닌 채
나란히 눕는 것은
덧없이 허무하다

생각이 엇갈린 거리에서
매번 바라만 봐야 하는
어느 한쪽 양보 없는
팽팽한 대립

속으로 내민 손이 접히고
미소 잃은 입도 무거워
해가 달이 되어도
읽을 수 없는 두 마음

바람에 실린 환영 좇아
등뒤에다 고함치면
불가침의 선 그어 놓은 채
아직도 다가오지 않는 기다림

우리는 이렇게 기다리고
기다리며 산다

우리는 모두 불가침의 선 그어 놓은 채
기다리고 기다리며 산다

딸은 시집 가면

시집 보내면 홀가분할 줄 알았다
눈뜨면 보이는 건너편에 두고
불 켜 있으면 일어났구나
어두우면 지각하지 않을까
시계 쳐다보는 그게 어미 맘이다

평소에 좋아하던 해산물
밥상에 올려놓고 나눠 주고 싶어
카톡문 두드려
퇴근길에 들러라 메모하는 손가락

맛있는 과일을 사도
딸네 것 우리 것
궁상떨던 옛날은 어디로 갔는지
금전 걱정 없이 한아름 사놓고
전화 주길 기다리다
해가 다 가도 연락 없으면 안절부절

퇴근길에 가득 싸주면
내가 어린애냐 필요하면 사먹을 건데

귀찮게 한다며 짜증 내놓고
집에 가서 미안하다 고맙다
가까이 두는 게 아닌데

요즘 세상은 귀한 게 없는데
옛날 궁핍했던 신혼생활에 길들여진
나는 구세대 엄마다
딸은 시집 가면 남이라는 말 잊지 말아야지

사람의 집

사람이 모여 사는 집
텅 빈 방 몇 개 졸고
방은 여리고 비릿하다
딱딱하고 맵싸하다

종일 비어 있는 방
홀쭉이 뚱보
새침데기 벙어리
식구는 있어도 가족은 없다

사람이 사는 집
사람 냄새가 나지 않는
딱딱하고 서먹한 방
입은 수다를 잃고
다정하던 눈빛은 눈치를 살핀다

두루기상 앞에
오손도손 둘러앉은 입 대신
홀로 앉은 넓은 식탁

명절에 여행가방 챙긴 아들
어디 문 여는 식당 없나
휴대폰 뒤지는 젊은 며느리

운동장 같은 넓은 집
찬바람만 윙윙거린다

북으로 보낸 편지

가을이 깊어 갈수록
흔들어 재촉하는 바람소리
붉은 단풍은 뜨거운 연서를
노란 은행잎은 어머니 안부를
쫓기듯 끙끙대며 쓴다

하고픈 말 쌓이고 쌓였는데
나뭇잎을 주워 북으로 날리는 아버지
발밑에 떨어지는 낙엽은
삭신이 아프다

바람은 제 맘대로 드나드는데
답을 기다리는 혈육
붉고 노란 얼굴로 누워
젖은 손 이어 잡고 울고 있다

제5부

바람을 읽는다

바람을 읽는다

누가 보았는가 바람의 빛깔을

부풀린 몸짓 낌새로 가늠하고
떨림으로 방향을 읽는다

구석구석 누비고 만지는 무형의 손발
멈춤과 떨림으로 몰아쉬는 가쁜 숨소리

등 뒤에 숨어
내 마음을 만지작거리는
바람의 색깔을 누가 아는가

날마다
바람 잘 날 없는 내 귀는
목청 큰 바람 소리를 듣는다

장미야 붉은 장미야

뒤도 안 보고 가더니만
오월은 왜 또 와서
덮어 둔 내 애간장을 꺼내어
담장을 저리 붉게 태우는가

장미야 붉은 장미야
사랑한다 말 못하고
속으로만 타는
뜨거운 이 불길 멈추지 않으니
어쩌면 좋단 말이냐

오월이 가고
네 빨간 꽃봉오리 하나 둘
떨어지면
사그라지지 않는 불길
어디다 꺼내 놓으랴

가슴에서 담장으로 나앉은
뜨겁게 타는 청춘의 붉은 꽃

수종사 은행나무

산그늘도 비껴가는 운길산 중턱
솟은 듯 앉아 있는 수종사 왼편 마당에
절보다 키가 큰 은행나무 있다

산과 산을 타박타박 걸어가는
주름진 풍경 소리
앞 강물에 여울져 흐르고
작은 옷을 껴입은 듯
땅에 꽉 낀 몸통

지난해 놓아 버린 분신들의 소식을
위를 향해 손 치켜들고
바람으로 교신하는 잎, 잎들

목탁 소리에 묻어 나온
수많은 생과 사, 만남과 이별을
검은 허리춤에 두르고
오백 년을 쓸어내린 가슴앓이
노랗게 바랜 얼굴로
가지마다 주렁주렁 헤어질 준비를 한다

서로를 부둥켜안고
은행나무 위를 훨훨 맴도는
하늘과 태양
사람들은 그 넓은 그늘에 자리를 편다

산단풍

단풍아
산단풍아
얼마나 울었기에
붉은 얼굴로
내 앞에 서 있는 것이냐

있는 듯 없는 듯
품 떠난 자식
마음 밖을 떠돌고
안으려 손 내밀면
바르르 잎 지는 소리

내 속은 천만 번 타들어
몇 번을 울어도
산을 물들이지 못하는데
벙어리 된 바위 데리고 앉아
이산 저산 불 지른 듯 타는 것이냐

단풍아 산 단풍아
얼마나 큰 설움이기에 숨죽이며

붉은 얼굴로 서 있는 것이냐
너 지고 나면
나 울컥 눈물 쏟을지도 몰라

굴레

검은 땅만큼
붉은 땅만큼 타들었다
흙보다 까만 얼굴

모래바람 속
멀고 거친 길을 맨발로
마실 물 찾아 나선 항아리

여인은
수세미처럼 늘어진 젖
등 뒤로 넘겨
아이에게 빈 젖꼭지 물린다

벗은 아이들의 볼록 나온 배
나뭇가지 같은 앙상한 팔다리
감긴 눈 콧속 물기마저 뺏으려
득실대는 파리 떼

달아오른 태양
처참하고 암담한 세상

물려받은 굴레 벗어나지 못한
여인의 눈에 흐른 눈물이 뜨겁다

쥘부채

그대 바람을 보았는가
획을 긋고 지나가는 단호함

손사래 칠 때마다
바람 깃 살아나
출랑이며 따라간다

대나무 곧은 절개 쪼개고 붙인 자리
산새가 물어 온 산내음 삼키고
시큼한 땀내 토해내는 반원의 입을 보라

한지 위에 사군자로 싹튼 풍류
한 줌 바람 일렁여 더위를 식혀 주는
대나무의 단짝 친구

안개1

네 마음 알 수 없구나
다가가서 내 맘 열어 보여도
컴컴한 등만 내밀더니
왜 꼼짝 않는 산은 찾아가
쓰다듬고 보채느냐

나룻배도 끊긴
굳게 닫힌 연죽교
강 건너 계신 님 거동조차 아니하고
손 흔들며 애타게 부르는 소리
강물에 씻겨 흔적조차 없구나

강가에 떠도는 꽉 찬 그리움
치마에 가득 끌어안고
너울너울 사위어 갈거나

삼월에

붙잡았던 가는 줄 끊어져
힘없는 노인들
발가벗은
삼월이 춥다

부양의 의무는 꼬리를 내리고
자유를 외치는 철없는 함성
한 집 건너 두 집

예나 지금이나 시끄러운 세상
엎드려 바위가 된 어른들
말없이 밖을 내다보며
눈과 귀를 씰룩거린다

씰룩이는 눈 속에 세상이 찍히고
갈무리된 언어들의 침묵
거리마다 웅크리고 앉은
입도 귀도 없는 방관자의 모습들

잠자는 효는 어디에서 찾을 것인가

아직 여린 삼월 볕에
서성이는 노인들

스무 살 목련

봄비 그치면 오겠지 싶어
우두커니 창가에 앉아
기다렸다

옥상을 오르내리며
빨랫줄에 널린 옷들이
꾸덕꾸덕 마르면
웃는 얼굴로 오리라 믿었지

마당 귀퉁이 돌아가다
가지에 켜둔 작은 전등 보면서
머지않아 오겠다 싶어
잠을 설치기도 했다

분 바르지 않아도
희고 보드라운 볼에
지그시 입 맞추면
향기처럼 달아나던 어린 소녀

기다림으로 닳고 헐거워진

틈 많은 가슴 가까이
그대 사뿐히 걸어오라

꽃이 없는 꽃밭에서

뜰 앞 서성이는 부슬비
마른 땅에 내리고
아직 싹 트지 않은 심장에서
색깔 없는 소리가 난다

때마다 거죽을 뚫고 나오는
떨리고 두려운 새싹들의 질주
빠름과 느림 그 질서 따라
팔랑이는 푸른 춤사위

개체에 어울린 향기로 유혹하는
만개한 꽃잎들의 웃음소리
봄잠을 깨우고

마력에 끌린 벌 나비가
내밀한 곳에 촉수를 꽂고
버둥대는 이른 봄
꽃 없는 꽃밭에도 향긋한 꽃내새가 난다

계절을 잊은 사람들

하품을 물고
밤을 배웅하던 새벽은
담홍빛에 젖고

구두 수선집 낮은 지붕 위
닿을락말락
가지에서 내다보며
환히 웃던 벚꽃들

휙 지나가는 바람에
저희끼리 몸 비비다
닳아진 뒤꿈치로
사뿐사뿐 걸어오는데

이쪽저쪽
시간을 둘러맨
분주한 사람들
기척 몰라 앞만 보며 간다

미치광이꽃비

종일 그치지 않는 비
유리창에 콩 튀는 소리
심장을 돌고 나와
옛 미치광이 얼굴 남기고 간다

보라색 꽃핀을 꽂은
흙 검불 붙은 머리
작은 보퉁이 껴안고 히죽이 웃던
땟국물로 얼룩진 얼굴

허리가 잘록한 그녀는
실연을 당했다
공부를 많이 해서
머리가 돌았다더라
파다한 소문을 달고 마을에 왔다

그물처럼 빙 둘러싼 동네아이들
돌멩이 던지며 놀리면
공처럼 몸 사려 울고
공격도 달아날 줄도 몰라

내 애를 태우던 그녀

오늘은
빗발치는 쇠난간 위
미치광이꽃 닮은 잘록한 물방울이
굽은 등 들썩이며 무리지어 운다

담쟁이

벽은 담쟁이 붙잡고
굳게 닫힌 문
서로 힘차게 두드린다

자유 향한 화해의 악수
열리지 않는 문
붙잡은 손 놓지 않고
절망은 없다고 외치며 오른다

담장 끝 질곡의 십자가
헉헉 숨막힌 질주
뒤돌아볼 여가도 없다

나도
희망의 푯대 바라보며
알 수 없는 내일 향해
형극 길 뻘뻘 걷는다

진리의 강

내리쬐는 햇볕에
알몸으로 더워진 강
선율 고운 노래 부르며
길 따라 흘러간다

강은 혼자가 아니다
푸른 물가마에
하늘을 태우고
구름을 태우고
어울려 산다

모난 곳
부드러운 곳
공평하게 채우는 강
내게는 삶의 진리를 안겨 준다

검은 손

콩 볶듯 타는 칠월
먹장구름 불꽃놀이 한다

우르릉 쾅쾅
검은 혓바닥 내밀고
산과 들을 핥고 간다

폐허는 남대천을 휩쓸고
악마가 밟고 간 과수원
깁스를 한 낙과들의 슬픈 울음
농부의 애를 엔다

흙탕물 위 둥둥 떠다니는
퉁퉁 부은 시체들
마귀의 검은 손에 붙들려
농부의 넋이 떠내려 간다

제6부

아픔 뒤에 오는 것

아픔 뒤에 오는 것

아프기 전에는
바닥 슬슬 기던 나뭇잎
천둥에 실려 들썩이던 한숨소리
귓바퀴 맴돌 때 손 내밀지 못했다

아프기 전에는
거동 불편한 사람
낙엽 나는 것을 부러워하고
마른 잎이 강물 바라보는 눈빛도
읽지 못한 굳은 돌멩이였다

아픈 후에
가시에 손가락 찔린 고통
따갑다 우는 것은
나만 알고 너를 모르는
사치임을 알았다

죽을 만큼 아파야
남의 아픔을 알고

바람과 나뭇잎이 뜰 가까이 와
숨는 까닭을 안다

어제 그러나 오늘은

산 깎아 고층으로 올린 도심都心 외곽
온기 없는 빈 집들이 즐비하다

신문을 펼칠 때마다 취업난, 구조조정
참을 수 없는 울분과 생채기 난 사연들
쇠파이프 굉음과 화약 냄새도 묻어 와
미간眉間을 상하좌우로 밀고 당긴다

급변하는 체제 앞에
자신의 의지대로 솟구치지 못하고
너덜너덜 누더기를 두른 채
가자지구 같은 세상 속으로 기어든다

"여보! 미안해, 애들하고 먼저 자."
대리운전 하는 용산 씨의 볼이 메였다
아내의 젖은 눈빛은
백미러에 풍경처럼 따라 붙는다

하늘도 제 빛을 잃고 가슴앓이하는 밤
새벽은 이미 머리맡에 반쯤 와 앉아 있다

이제 암울했던 송구送舊는 떨쳐 버리고
영신迎新을 맞이할 시간

그늘진 어제는 가라
자닝한* 모든 것들도 다 가고
오늘은 창대한 문자들만 남아
우리네 귓가에 소곤거려 다오

* 자닝한 : 약자(여자)의 참혹한 모습이 너무 불쌍해 차마 보기 어려운.

노동의 대가

작은 몸 어디에
우물이 있는 걸까
구석구석 뚫린 숨구멍
솟구치는 작은 물줄기

암반수 모여
골짜기 흘러가고
내 땀 내 눈물 맺혀
몸을 적신다

뜨건 입김
응결된 땀방울에
까르르 웃는
아이 웃음 겹쳐 흐른다

앞만 보고 걸어온 길
돌 틈 나무뿌리에서
어깨동무 이룬 물줄기
오늘도 등줄 타고 내린다

갈대 1

하늘 높이 열린 길
서걱서걱
새가 밀고 달이 끌어도
오르지 못한다

고개 절레절레 흔들며
가고 싶어 날고 싶어
온몸 흔들며 부르는 노래

밤새워
귀뚜라미 소리에 부서지며
가을바람에 나부끼는
하얗게 바랜 머리카락

바람 따라 가고 싶은 마음
꾹꾹 누르며 서 있다

갈대 2

자유를 주어도
떠나지 못하는 너
잔물결 반짝이며
강가의 그루잠 잔다

찬바람이 흔들어도
어린 잎사귀 지키려고
울먹이며 서 있다

휘영청 감기는 바람
찬바람 이는 빈 둥지 안고
고개 숙인 채 상념 중이다

강한 의지 하나
은빛 흐느낌으로
머리카락 휘날리며
곧게 서 있다

먹포도

좋은 열매 맺으라고
전지한 포도나무
넓은 잎 뒤에
주렁주렁 매달린 포도송이

도대체 무엇이 될 거냐
귀에 걸린 잔소리
무성했던 우김질
지나고 보면 알 수 있는데

실하게 영근 눈빛 보며
삭둑삭둑 자른 넝쿨
귀 따갑던 잔소리
그 이유 이제 알겠다

달콤한 먹포도 밭에서
어머니 잔소리가
하얗게 분칠한 옳은 말로 웃고 있다

시들시들

아파트 담장 밑
콜타르 묻은 얼굴로
허기져 누워 있는 팬지
짚어 보지 않아도 앓고 있는 붉은 이마
어깨가 쳐진 나도 현기증이 난다
살을 할퀴고 가는 자동차 소리
마른 젖꼭지 빨다
노랗고 하얗게 지친 얼굴
유월 하늘은 문을 꽁꽁 닫았다
팔랑이지 않는 시든 잎
비를 기다리다 실같이 가늘어진 모가지
길 가다 오줌 갈기는 아이조차 없다
뿌옇게 시야를 가린 매연
헉헉 숨통 조여 오는 뜨거운 열기
퀴퀴한 하수구 구정물마저 담장 밑을 비켜 가고
쿡쿡 검지로 하늘 뚫는 갈증이 요동을 한다

피투성이 오월

총알 쏟아지고
피비린내 진동한
오월 항쟁

광주에서 화순
화순에서 해남
사람들은 무서움에 갇혔다

해마다 봄이면
언제인가 싶게
꽃향기 내뿜는다

거리마다 아비규환
물고기도 딸기도 손을 놓고
날마다 죽는 연습을 했다

은방울꽃

언제 돋았나 외가닥 꽃대
가느다란 빨대에 푸른 잎 둘
소리 없는 향기 밀어 올려
작고 하얗게 웃는 귀여운 입

중간놀이 시간이면
아쉬운 마음 재촉하여
교실로 이끌던 종소리
이명처럼 따라와 울리고

녹색 칠판에
허리 꺾여 누운 흰 분필
기억의 고리를 물고 대롱거린다

교사와 학생이 줄어 텅 빈 교정
산그늘에 모여 앉아
방울방울 종칠 날 기다리는
생생한 종의 넋이여

언덕

끙끙 비지땀 흘리며
톱니로 잘라낸 나뭇잎
앞에서 끌고 뒤에서 밀며
정답게 맞잡고 간다

자동차가 없던 시절
내 조부모 모습
언덕 바람소리
가쁜 숨소리

서로 이마 닦아 주며
다정히 오르는 개미 부부

초가집 희미한 불빛 속에
까르르 아이들이 웃는다

지령 13호

입추 따라 선들바람 눈뜨고
밤낮으로 울던 매미 소리
가물가물 사라졌다

칠월 복더위
아버지 잃은 내가
아응아응 느껴 운다

거르지 않는 운명의 신
지령대로 살다 가신 아버지는
땅속에 묻혔다

여름을 살다 간
매미는 어디에 묻혔나
흔적조차 없다

언젠가 땅바닥에 뒤집힌
매미를 일으켜 준 뒤
이제껏 찢어진 날개 더듬이 하나 보지 못했다

고양이 거북이 개미 새
곤충과 짐승의 먹이가 되라는
무서운 지령을 받은 매미

밤낮으로 울던 나와 너의 울음은
점점이 날아가 별이 되고
별들이 눈 껌벅이며 새로운 지령을 기다리고 있다

중년의 스케치

구름이 허물을 벗듯
추억을 벗어 손바닥에 그려 본다
손가락이 움직일 때마다
체리빛, 물빛 크레파스가
지나간 시간을 불러 모은다

집이었다가, 하늘이었다가
짝꿍은 몽당 크레파스
나는 새 크레파스
야릇한 시선이 머물고 간 뒤
제 것인 양 팍팍 그어 댔다

뚝! 허리 부러진 소리
재빨리 낚아챘다
아버지의 얼굴이 스쳤다
종이와 밥풀로 부러진 허리를 붙이느라
손가락은 페이퍼처럼 까칠했다

지금은
홀로 그림을 그린다

손바닥은 술렁이는 보리밭이었다가, 냇물이었다가
다이아표 검정 고무신이 건져 올린
피라미 몇 마리가 손바닥에서 출렁인다
가진 것을 나누지 못한 아쉬움을 안고

구두의 넋두리

어둠 거친 첫새벽
제 한몸 맘대로 움직일 수 없어
할미 따라 지팡이가 된 구두 한 켤레

비행기가 비켜 가는 언덕길
미끄러지듯 조심조심 내려와
젖은 골목 돌고 돌아
가고 또 가면 음식물 썩는 퀴퀴한 냄새

도매시장 들어서자 와글와글 귀 따가운 소리
이리저리 밀치다 밟히고
몸은 시퍼렇게 멍이 든다

푸성귀 가득 실린 짐수레
굳은살 박힌 발바닥에 눌려
종일 통통 부은 낡은 구두
얼룩진 땀방울 닦을 새 없다

저녁 해 먼지 털며 돌아간 껌껌한 거리
쭈그려 앉아 열뭇단 다듬는 손길

차곡차곡 쌓아 둔 한숨 절로 나온다

한 공장에 태어나 똑같은 모습인데
누구는 춤추고 누군 꽃놀이 가고
푸성귀처럼 지친 나는
어둡다 답답하다 투덜투덜
구두도 숨겨진 팔자가 있었다

천 원의 행복

육교 위 넓죽 엎드린 그림 한 장
사발 물에 꽁보리밥 말아 먹던
보릿고개 시절
고물고물 살아나 구름처럼 떠 있다

주린 배 채우고자 낮게 숙인 고해성사
땡볕을 둘러쓴 여인의 젖은 등
곁에 놓인 동전 바구니가
내 명치끝을 건드린다

희비가 엇갈린 세상
죽고 싶은 마음이 무엇인지 알 것 같은
난간에 매달린 가난의 빛
시리고 아픈 그림 없이 살 수는 없을까

말없이 내민 바구니에
눈길도 주지 않고 가는 사람들
바람 삭는 소리 신발 닳는 소리에
붉은 빈 바구니도 신열을 앓는다

한참을 서 있다 바구니에 넣은 동전 둘
하늘에 맡긴 등짝이 움직이고
웃고 울린 1,000원의 행복
저녁 밥상머리 콩나물국 마시는
맑은 눈망울 스쳐 지나간다

분꽃 가족

직선과 곡선이 모여 사는 곳
둥글고 모나고 삐뚤빼뚤
서투른 몸짓 속에
활짝 웃음꽃이 핀다

나가고 들어섬이 자유로운 곳
저녁 밥상머리 앉으면
눈물 젖은 아픔도 가라앉는다

직선과 곡선이 모여 사는 곳
그 고리 무엇으로
잘라 낼 수 있을까
잘려도 잘려도 직선과 동그라미로 산다

가지꽃

하늘 품 떠나
터벅터벅 걸어온 봄

불꽃 같은 심지로
울먹이며 부르는 노래

깜박이는 심장 쓸어내린
뺏속까지 타는 갈증

배고픔 누르고
활짝 웃는 아들딸

들꽃을 보면

들꽃은 아이다
들꽃을 보면 눈을 뗄 수가 없다
어디로 튈 줄 모르는 아이

작고 앙증맞은 꽃
큰아이에게 주는 정보다
막내에게 느끼는 애착이 더 크다

단번에 예쁜 장미보다
찬찬히 들여다봐야
새록새록 정겹다

해맑게 웃는 여린 아기
옹알이 들린다
귀엽고 사랑스런 응석쟁이

작품해설

새로운 해석과 표현

| 작품해설 |

새로운 해석과 표현
— 정영례 시집 『소금꽃』

정 성 수 (丁成秀)
(한국문인협회 시분과회장)

정영례 시집 『소금꽃』은 서정시 본연의 모습을 잘 드러내 준다. 말하자면 대자연, 인간사, 모든 사물 등에서 풀어낼 수 있는 인간적 희로애락의 다양한 상황과 표정을 따뜻한 감성과 시각으로 노래하기 때문이다.

그의 작품에는 대자연의 재해석, 삶에 대한 사랑 등 우리가 살고 있는 이 세상의 적나라한 여러 가지 모습들이 개성적 표현 속에 한 송이씩 아름다운 꽃으로 피어 있다. 특히 정영례의 시는 과장된 목소리로 요란을 떨거나 이것저것 별나게 수다스럽거나 현란한 기교로 시 편편을 필요 이상으로 치장하지 않는다.

다시 말하자면 그의 시는 한마디로 말해 가식 없는 정공법 스타일이다. 표면적으로 나타나는 시적 기교보다는 사물의 새로운 해석과 깊이에 천착하고자 한다. 형식보다는 내용에 충실하다고 말할 수 있다.

따라서 소재를 처리하는 솜씨가 중후하고 적당한 중량감을 지니고 있어 시가 든든하고 단단하다. 정영례 시의 장점이 아닐 수 없다.

다음 시를 살펴보자.

해남 학가리
짭조름한 마음을 깔아놓고
해를 부르는 사람이 있다

수차를 밟고 서서
빠르게 풀무질하면
염밭에 바닷물이 눕는다

햇볕과 바람
땀방울이 갈무리된
갈증과 산고 끝에
서서히 껍질을 벗은
하얗고 짭조름한 보석 같은 꽃

고무래로 거둬
맞배지붕 목재 건물에 놓으면

고단함을 내려놓는 환한 웃음

손에 놓고 킁킁 인사하면
바다 냄새가 난다
먹혀야 사는 꽃

—「소금꽃」 전문

염전을 노래한 이 시는 제1연에서 바닷물을 증발시켜줄 뜨거운 햇살을 고대하는 일꾼을, 제2연에서는 수차를 밟아 바닷물을 염밭에 가두는 장면을, 제3연에서는 '갈증과 산고 끝에/ 서서히 껍질을 벗은/ 하얗고 짭조름한 보석 같은 꽃' 즉 소금의 탄생을, 제4연에서는 소금을 거두어서 창고에 넣고 환한 웃음을 짓는 일꾼의 기쁨을, 제5연에서는 소금을 손에 올려놓고 들여다보면 '바다 냄새'가 나는 장면과 함께 '소금'을 '(사람에게) 먹혀야 사는 꽃'이라고 명명한다.

화자(퍼스나)는 '염밭(소금밭)'이라는 하나의 공간을 시간과 일의 순서에 따라 자연스럽게 펼쳐놓는다. 그 속에서 이루어지는 노동과 '소금'의 생산 과정을 조금도 흥분하지 않고 차분하게 하나하나 표현해 나간다. 시가 조금도 난해하지 않고 쉽고 편안하다.

시는 그 상징이나 비유에 의해 일종의 애매성, 난해성을 띠는 게 사실이지만 그렇다고 해서 독자나 또는 시인 자신마저도 무슨 소리인지 알 수 없는 시를 쓴다면 그것은 난해성이 아니라 불가해성이다. 불가해성의 시는 시가 아니라 아무도 알 수 없는 부질없는 말의 유희일 뿐이다. 그것은 시인 자신과 독자를 기만하는 행위가 아닐 수 없다.

조금 어려운 시라 할지라도 깊이 파고 들어가면 모든 게 다 훤히 드러나는 시, 그런 시가 좋은 시이다. 더 좋은 시는 깊은 내용을 아름답고 멋진 비유와 표현으로 이해하기 쉽게 쓴 시이다. 크든 작든 독자에게 감동을 주는 시, 신선한 충격을 주는 시, 그런 시가 좋은 시이다.

다음 시를 살펴보자.

종일 술을 마신 섬
허우적거린다

훌짝거리는 소리
뭍에까지 들린다

허옇게 부서지는 몸부림
모래밭에 취기 오른 발자국을 남긴다

예측할 수 없는 바람 일면
기다린다
안아줄 손길

섬은 파도를

파도는 섬을 버리지 못한다

—「섬과 파도」 전문

첫 연에서 화자는 '종일 술을 마신 섬/ 허우적거린다'고 노래한다. 섬을 의인화하여 온종일 술(파도)을 마신 섬이 술(바다) 속에서 '허우적거린다'고 섬을 특별한 술꾼처럼 표현하였다.

그 다음 '훌짝거리는 소리/ 뭍에까지 들린다'에서는 파도 치는 소리를 섬이 술 마시는 소리로 설파, 조금씩 파도 치는 장면을 재미있게 표현하였다.

3연에서는 '허옇게 부서지는 몸부림/ 모래밭에 취기 오른 발자국을 남긴다'고 섬 기슭에 치는 파도를 '부서지는 몸부림'으로, 모래밭 위에 흩어지는 파도를 '취기 오른 발자국을 남긴다'고 이번에는 파도가 행위의 주체를 바꾸어서 술꾼이 섬 기슭으로 취한 발자국을 남기는 것으로 표현한다.

이것은 '섬과 파도', 그 정체성의 전도, 또는 환치로서 그 나름의 흥미로운 수법을 보여 준다. 그 다음엔 '예측할 수 없는 바람 일면/ 기다린다/ 안아줄 손길'을 노래하는데, 여기서는 주체가 다시 섬으로 환원된다. 이렇게 되면 폭풍이나 태풍 때문에 강하게 치는 파도가 역설적으로 섬을 안아주고, 그와 반대로 섬이 파도를 안아주는 이중적 의미구조를 지니게 된다. 주체의 동일성이다.

마지막 연에서는 그리하여 '섬은 파도를/ 파도는 섬을 버리지 못한다'고 선언적 진술을 한다. 말하자면 '섬과 파도'는 바람(세파) 앞에서 서로 포용해야 할 상호 의존적, 또는 사랑의 관계 속에서 살아가게 되는 것이다.

다음 시를 살펴보자.

누가
이토록
큰 가슴 보았나요?

집도
바다도
호수도 나 안은 하늘

그 하늘을 안고도
아직 비어 있는
내 넓은 가슴은

철썩
부서지는
파도 소리에 눈을 뜬다

—「하늘」 전문

짧은 시 속에 서려 있는 화자의 뜻은 너무나도 광대하다. '하늘'을 확대 해석하면 우주, 이 세상에서 가장 큰 별들의 집, 그 우주는 지구별의 '집도/ 바다도/ 호수도/ 다 안고' 있다. 지구의 모든 것을 품 안에 넣고 있다.

저 광활한 우주보다 더 큰 것, '그 하늘을 다 안고도/ 아직 비어 있는/ 내 넓은 가슴은// 철썩/ 부서지는/ 파도 소리에 눈을 뜬다.'

화자의 가슴은 그러니까 저 거대한 '하늘(우주)'을 모두 다 포옹하고 있다. 그러고도 '내 넓은 가슴'은 '아직 비어 있다'고 한다. 우주보다 큰 가슴, 그 무한의 가슴이 '철썩 부서지는 파도 소리에' 우주에서 지구로 즉 현실 속으로 다시 돌아온다.

다음 시를 살펴보자.

늙는다는 것은
무지개색 잎을 떨구는 일이다

맥없이 떨어지는 낙엽
좇는 눈빛에 들어앉는 나이

나무는 계절을 먹고
나는 시간을 먹는다

곱게 물든 나뭇잎
발 아래 켜켜로 쌓인다

잎 떨궈내는 나무의 마음으로
버린 것도 떠나온 곳도
뒤돌아보지 말아야지

늙는다는 것은
기억을 비우는 일이다

—「늙는다는 것은」 전문

이 시는 '늙는다는 것'이 무엇인가에 대한 화자의 시각을 보여 준다. 화자는 자기가 또는 우리가 '늙는다는 것은 무지개색 잎을 떨구는 일'이라고 정의를 내린다. 7색 영롱한 꿈을 내려놓는 일이 바로 사람이 늙어 가는 것의 일반적 결과물인 셈이다.

거기다가 '맥없이 떨어지는 낙엽/ 좇는 눈빛에' 나이가 '들어앉는다'. '낙엽'과 화자가 동일시되는 순간이다. 말하자면 '나무는 계절을 먹고/ 나는 시간을 먹는다'. 사람이 늙어 간다는 것은 우리에게 주어진 '시간을 먹는' 일이다. 우리네 인간은 '시간'을 밥처럼 먹으면서 지구 밖으로 사라져 가는 것이다.

'곱게 물든 나뭇잎/ 발 아래 켜켜로 쌓인다'. 객관적 상관물인 낙엽과 함께 화자의 생도 낙하한다. '잎 떨궈내는 나무의 마음으로/ 버린 것도 떠나온 곳도/ 뒤돌아보지 말아야지// 늙는다는 것은/ 기억을 비우는 일이다'.

'늙는다는 것'에 대한 화자의 결론은 '기억을 비우는' 것이다. 아름다웠던 또는 추했던, 슬펐던 또는 기뻤던, 의미가 있었거나 무의미했던 수많은 기억의 편린들, 그 오래된 창고를 비워내는 일이다.

다음 시를 살펴보자.

골목은 발소리를 먹는다
밤하늘 가득 박혀 있는 별을 등불 삼아
아직 고픈 배를 출렁이며 식탐을 한다

늘 그랬던 것처럼
이쪽저쪽 뒤돌아보고
낯익은 얼굴들을 기다린다

기다리다 귀 세워
쿵쿵거리며 오는
발소리를 반겨 먹는다

네온사인 반짝이는 큰길을 꿈꾸며
먼동 트면 다시

하나둘 뱉어낼 것이다

―「골목길」 전문

'골목길'을 의인화하여 '골목은 발소리를 먹는다'고 표현한다. 행인들의 '발소리'를 '먹는' '골목(길)'은 '밤 하늘 가득 박혀 있는 별을 등불 삼아… 식탐을 한다'.

사람들이 무심히 지나쳤던 '골목길'이 인간의 '발소리'를 먹고 살아간다는 것, 이러한 사물에 대한 재인식, 낯설게 하기, 새로운 해석 등이 독자들을 경이로운 세계로 인도하게 되는 것.

'골목(길)'은 '늘 그랬던 것처럼/ 이쪽 저쪽 뒤돌아보고/ 낯익은 얼굴들을 기다린다// 기다리다 귀 세워/ 쿵쿵거리며 오는/ 발소리를 반겨 먹는다'. 이처럼 '골목길'은 '낯익은' 사람들의 '발소리를 반겨 먹는다'. 그러다가 '네온사인 반짝이는 큰길을 꿈꾸며/ 먼동 트면 다시/ 하나 둘 뱉어낼 것이다'.

다음 시를 살펴보자.

사람이 모여 사는 집
텅 빈 방 몇 개 졸고
방은 여리고 비릿하다
딱딱하고 맵싸하다

종일 비어 있는 방
홀쭉이 뚱보
새침데기 벙어리
식구는 있어도 가족은 없다

사람이 사는 집
사람 냄새가 나지 않는
딱딱하고 서먹한 방
입은 수다를 잃고
다정하던 눈빛은 눈치를 살핀다

두루기상 앞에
오손도손 둘러앉은 입 대신
홀로 앉은 넓은 식탁

명절에 여행가방 챙긴 아들
어디 문 여는 식당 없나
휴대폰 뒤지는 젊은 며느리

운동장 같은 넓은 집
찬바람만 윙윙거린다

—「사람의 집」 전문

이 시에서 화자는 임의로 설정한 가공 인물이 아니라 아마도 시인 자신일 것이다. 2연에서 이 작품의 주제가 확연히 드러난다. '종일 비어 있는 방/ 홀쭉이 뚱보/ 새침데기 벙어리'.

여러 명의 식구가 한 지붕 아래 함께 살고 있지만 집 속의 방들이 '종일 비어 있'다. '홀쭉이'도 없고 '뚱보'도 없고 '새침데기'도 없고 '벙어리'도 없다. 그래서 화자는 '식구는 있어도 가족은 없다'라고 단정적으로 진술한다.

모두가 하나 하나의 독립된 '식구'일 뿐 하나로 뭉쳐진 공동체인 '가족'은 존재하지 않는 것. 한 집안에서 '식구'만 있고 따뜻한 '가족'이 사라진 시대, '사람이 사는 집/ 사람 냄새가 나지 않는 집…// 두루기상 앞에/ 오손도손 둘러앉은 입 대신/ 홀로 앉은/ 넓은 식탁…// 운동장 같은 넓은 집/ 찬바람만 윙윙거린다'.

흔히 가족의 해체를 얘기하는데, 이것은 어느새 거의 일반적인 세태가 되어 버렸다. 어찌 보면 남 같은 가족, 썰렁한 가족, 자신만 챙기는 가족, 서로간의 배려가 사라진 가족, 피차 상대방을 귀찮아하는 가족, 돈만 주면 그만인 가족…. 한데 엉켜 울고 웃던 감동적인 가족은 어느새 다 어디로 사라졌나. '찬 바람만 윙윙거린다'.

다음 시를 살펴보자.

뒤도 안 보고 가더니만
오월은 왜 또 와서
덮어둔 내 애간장을 꺼내어
담장을 저리 붉게 태우는가

장미야 붉은 장미야
사랑한다 말 못하고
속으로만 타는
뜨거운 이 불길 멈추지 않으니
어쩌면 좋단 말이냐

오월이 가고
네 빨간 꽃봉오리 하나 둘
떨어지면
사그라지지 않는 불길
어디다 꺼내 놓으랴

가슴에서 담장으로 나앉은
뜨겁게 타는 청춘의 붉은 꽃

—「장미야 붉은 장미야」

집 곁의 담 위로 뻗어 나가는 줄장미는 '가슴에서 가슴으로 나앉은/ 뜨겁게 타는 청춘의 붉은 꽃'이다. 뜨거운 사랑의 꽃. '뒤도 안 보고 가더니만/ 오월은 왜 또 와서/ 덮어둔 내 애간장을 꺼내어/ 담장을 저리 붉게 태우는가'.

지나간 젊은 날의 뜨거운 사랑 추억을 되살려 주는 객관적 상관물이 바로 저 붉은 장미꽃이다. 그 장미는 이루지 못한 사랑, 고백조차 제대로 못했던 즉 '사랑한다 말 못 하고/ 속으로만 타는/ 뜨거운 불길'이었다. '오월이 가고/ 네 빨간 꽃봉오리 하나 둘/ 떨어지면/ 사그라지지 않는 불길/ 어디다 꺼내놓'을 것인가.

질풍노도의 시대, 고독하고 뜨겁고 낭만적이었던 젊은 날의 이루지 못한 사랑이 아직도 살아남아서 오월 장미꽃이 만발하면 화자의 가슴 속에서 또 다시 새로운 불길로 솟아오른다. 그래서 '장미'는 어쩌면 예나 지금이나 '청춘의 붉은 꽃'이다.

자기만의 발상을 꿈꾸는 정영례의 시가 앞으로 더욱더 잘 가꾸어져서 '청춘의 붉은 꽃'처럼 이 세상 속에서 계속 만발하기 바란다.

계간문예시인선 125

정영례 시집_ 소금꽃

초판 인쇄 | 2017년 11월 24일
초판 발행 | 2017년 11월 29일

지 은 이 | 정영례
회 장 | 서정환
발 행 인 | 정종명
편집주간 | 차윤옥

펴낸곳 | 도서출판 계간문예
편집부 | 03132 서울 종로구 삼일대로 30길 21 종로오피스텔 808호
주소 | 03132 서울 종로구 삼일대로 32길 36 운현신화타워 305호
전화 | 02-3675-5633, 070-8806-4052
팩스 | 02-766-4052
이메일 | munin5633@naver.com
등록 | 2005년 3월 9일 제300-2005-34호
ISBN 978-89-6554-168-4 04810
ISBN 978-89-6554-118-9 (세트)

값 10,000원

이 도서의 국립중앙도서관 출판예정도서목록(CIP)은 서지정보유통지원시스템 홈페이지(http://seoji.nl.go.kr)와 국가자료공동목록시스템(http://www.nl.go.kr/kolisnet)에서 이용하실 수 있습니다. (CIP제어번호: CIP2017031153)